Table des matières

Try to read the question and choose an answer on your own.

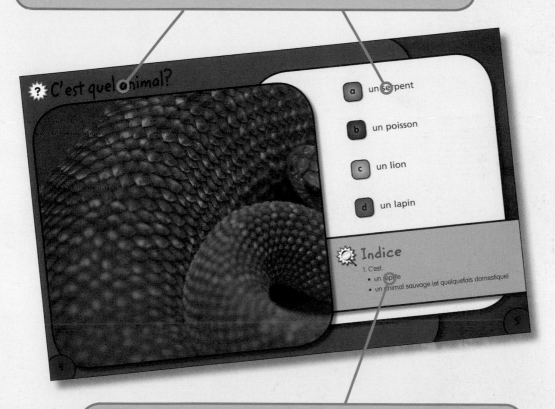

You might want some help with text like this.

Les animaux

Fiona Undrill

Heinemann
LIBRARY

Animals

www.heinemann.co.uk/library
Visit our website to find out more information about Heinemann Library books.

To order:
☎ Phone 44 (0) 1865 888066
Send a fax to 44 (0) 1865 314091
Visit the Heinemann Bookshop at www.heinemann.co.uk/library to browse our
catalogue and order online.

First published in Great Britain by Heinemann
Library, Halley Court, Jordan Hill, Oxford OX2
8EJ, part of Pearson Education. Heinemann is a
registered trademark of Pearson Education Ltd.

Editorial: Charlotte Guillain
Design: Joanna Hinton-Malivoire
Picture research: Ruth Blair
Production: Duncan Gilbert

Printed and bound in China by
Leo Paper Group.

ISBN 9780431931234 (hardback)
11 10 09 08 07
10 9 8 7 6 5 4 3 2 1
ISBN 9780431931333 (paperback)
11 10 09
10 9 8 7 6 5 4 3 2

British Library
Cataloguing in Publication Data
Undrill, Fiona
Les animaux = Animals. - (Modern foreign
languages readers)
1. French language - Readers - Animals 2.
Animals - Juvenile literature 3. Vocabulary -
Juvenile literature
448.6'421
A full catalogue record for this book is
available from the British Library.

Acknowledgements
The publishers would like to thank the following
for permission to reproduce photographs:
© Corbis pp. **16** (Newmann/zefa), **19**
(B. Pepone/zefa); © Digital Stock pp. **3**, **4**,
6; © Harcourt Education pp. **20**, **22** (Tudor
Photography); © Istockphoto/Skynesher
pp. **12**, **15**; © 2007 Jupiter Images Corporation
pp. **8**, **11**

Cover photograph of elephants reproduced
with permission of Corbis (Bruno Levy/zefa).

Every effort has been made to contact copyright
holders of any material reproduced in this book.
Any omissions will be rectified in subsequent
printings if notice is given to the publishers.

a un serpent

b un poisson

c un lion

d un lapin

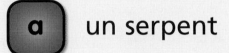 Indice

1. C'est:
- un reptile
- un animal sauvage (et quelquefois domestique)

Morts par an à cause de morsures de serpent

le Royaume-Uni	0
l'Australie	1–2
les Etats Unis	5–10
l'Inde	10 000
le monde entier	125 000

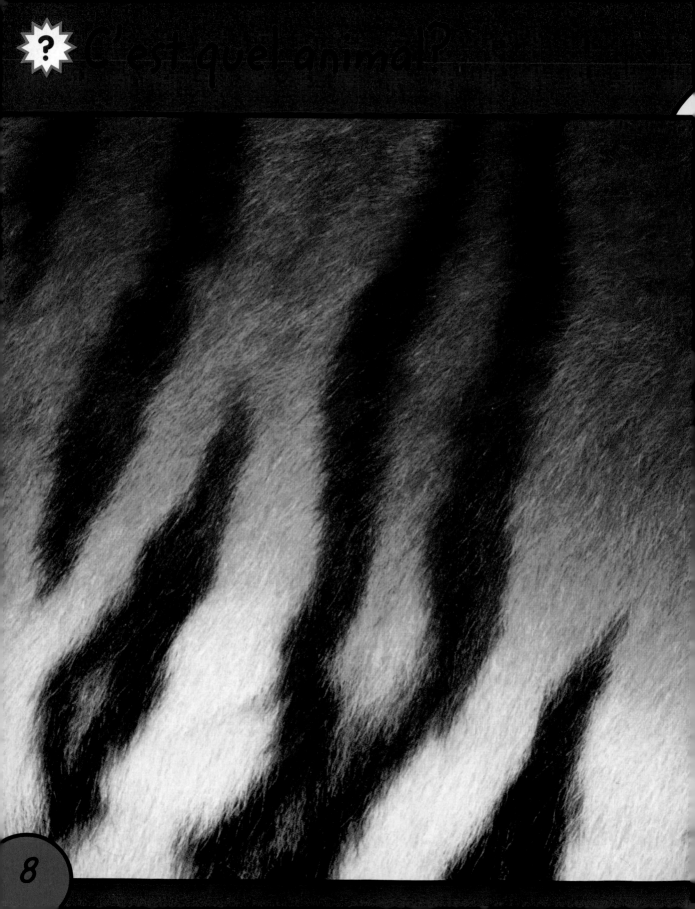

a un lion

b un chat

c un tigre

d une souris

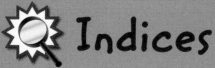 Indices

1. C'est:
- un mammifère
- un animal sauvage
- un grand chat

2. Traits distinctifs: grandes rayures noires sur un corps orange

Population des tigres en Inde

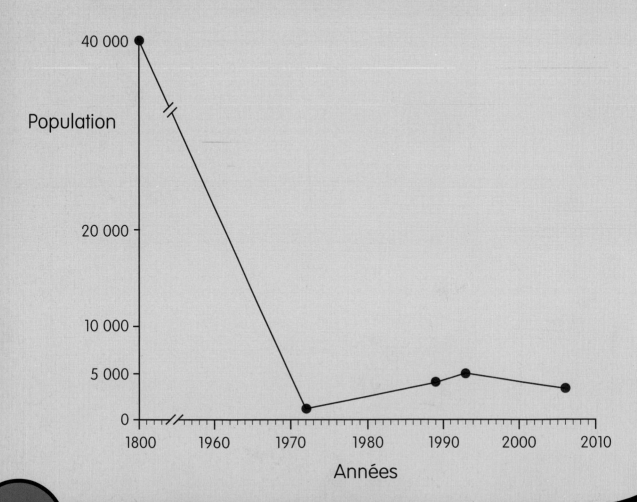

⚠ Les tigres sont en voie d'extinction!

a   un chien

b   un poisson

c   un cochon d'Inde

d   un lion

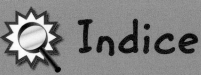 **Indice**

1. C'est:

- un mammifère
- un animal sauvage
- un grand chat

✅ Réponse

d un lion

	le lion	le tigre
poids	(m) 150-225kg (f) 120-150kg	(m) 180-280kg (f) 115-185kg
hauteur	80-110cm	80-110cm
longeur	170-190cm	140-280cm
durée de vie	12-16 ans (sauvage) 30 ans (au zoo)	8-10 ans (sauvage) 20 ans (au zoo)
mange	le buffle, l'antilope, le zèbre, la girafe, le cerf, le phacochère	le cerf, le buffle, le cochon sauvage, le poisson, le singe, les reptiles, l'éléphant (bébé)

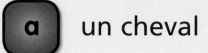 **un cheval**

b **un rat**

c **un chien**

d **un oiseau**

 # Indices

1. C'est:
   - un mammifère
   - un animal sauvage et domestique
2. Traits distinctifs: les dents pointues

17

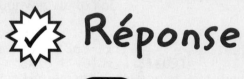 Réponse

 C un chien

Des chiens connus

Chien	Film/Livre, etc.
Fang	Harry Potter
Gelert	légende galloise
Goofy	Disney
Idéfix	Astérix
Petit Papa Noël	Les Simpson
Pongo et Perdita	Les 101 Dalmatiens
Toto	Le Magicien d'Oz

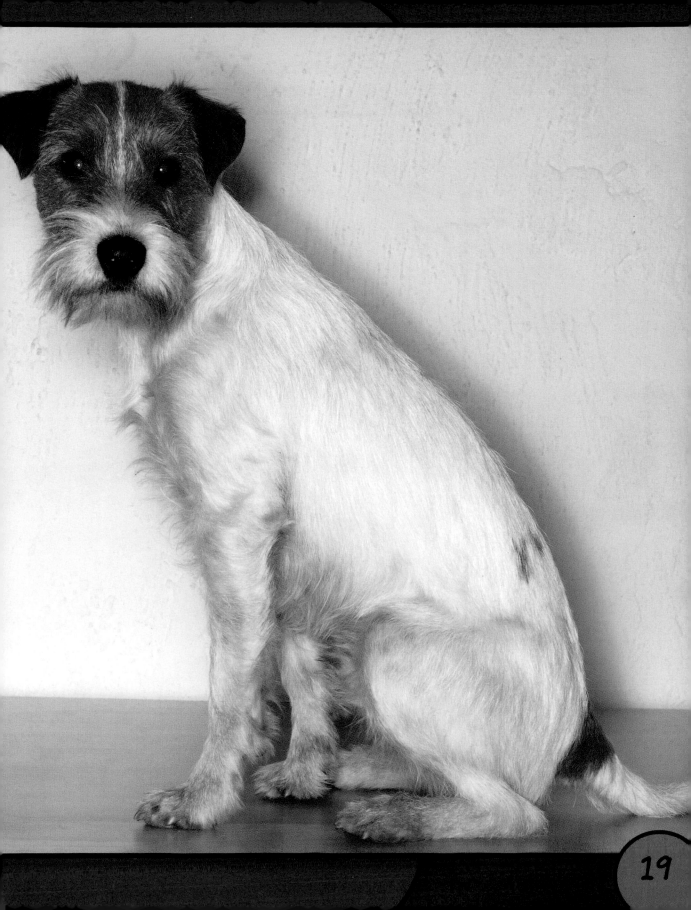

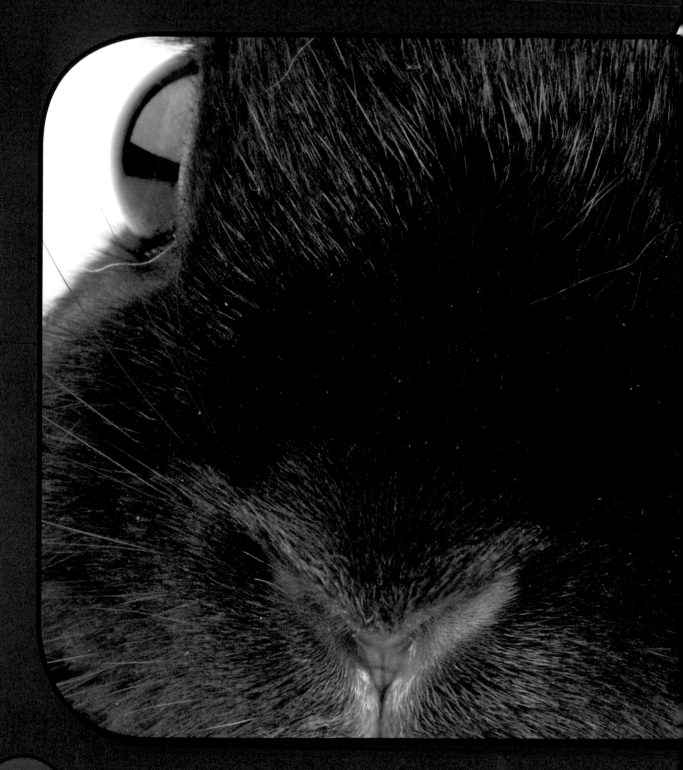

a un chat

b un cochon d'Inde

c un cheval

d un lapin

 Indices

1. C'est:
   - un mammifère
   - un animal sauvage et domestique
2. Traits distinctifs: les grandes oreilles

 **Réponse**

 d un lapin

La vitesse des animaux

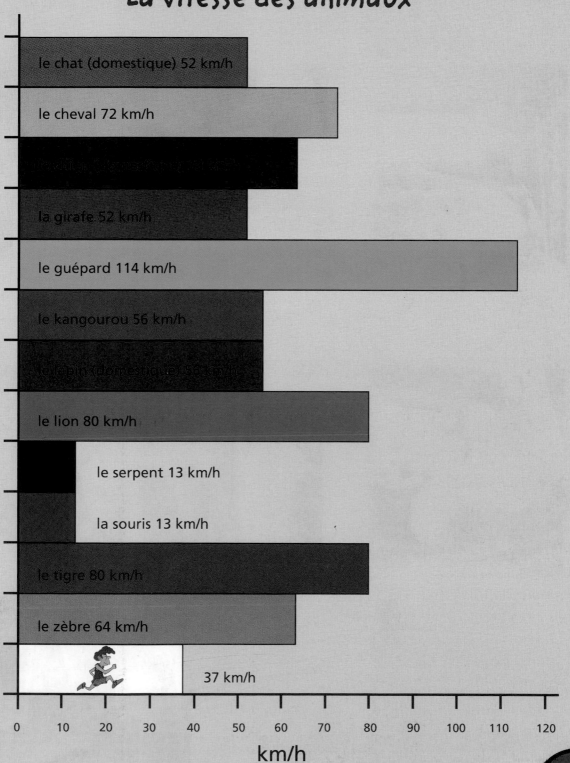

- le chat (domestique) 52 km/h
- le cheval 72 km/h
- la girafe 52 km/h
- le guépard 114 km/h
- le kangourou 56 km/h
- le lapin (domestique) 56 km/h
- le lion 80 km/h
- le serpent 13 km/h
- la souris 13 km/h
- le tigre 80 km/h
- le zèbre 64 km/h
- 37 km/h

0   10   20   30   40   50   60   70   80   90   100   110   120

km/h

Vocabulaire

Français **Anglais** **page**

à cause de(s) because of 7
un an year 7, 14
un animal (animaux) animal(s) 1, 5, 9, 13, 17, 21, 23
animal domestique pet 5, 17, 21, 23
une année year 10
un antilope antelope 14
l'Australie Australia 7
un bébé baby 14
un buffle buffalo 14
un casse-tête puzzle 3
c'est it is 5, 9, 13, 17, 21
C'est quel animal? What animal is it? 4, 8, 12, 16, 20
un cerf stag 14
un chat cat 9, 13, 21, 23
un cheval horse 17, 21, 23
un chien dog 13, 17, 18, 21, 23
un cochon d'Inde guinea pig 13, 21
un cochon sauvage wild pig 14
connu(e) known 18
un corps body 9
un cou neck 13
une dent pointue sharp tooth 17
la durée de vie life span 14
un éléphant elephant 14
en voie d'extinction in danger of extinction 11
et and 5, 17, 21
les Etats-Unis the United States 7
un film film 18
une girafe giraffe 14, 23
grand(e) big 9, 13, 21

un guépard leopard 23
hauteur height 14
l'Inde India 7
un indice clue 5, 9, 13, 17, 21
un kangourou kangaroo 23
un lapin rabbit 5, 21, 22, 23
une légende galloise a Welsh legend 18
un lion lion 5, 9, 13, 14, 23
un livre book 18
la longeur length 14
un mammifère mammal 9, 13, 17, 21
manger to eat 14
le monde entier the whole world 7
une morsure de serpent snake bite 7
un mort death 7
noir(e) black 9
un oiseau bird 17
orange orange 9
une oreille ear 21
par an each year 7
un phacochère wart hog 14
le poids weight 14
un poisson fish 5, 14
la population population 10
quelquefois sometimes 5
un rat rat 17
une rayure stripe 9
la réponse answer 6, 10, 14, 18, 22
un reptile reptile 5, 14
le Royaume-Uni the United Kingdom 7

sauvage wild 5, 9, 13, 14, 17, 21
un serpent snake 5, 6, 23
un singe monkey 14
une souris mouse 9, 23
sur on 9
la table des matières contents 3
un tigre tiger 9, 10, 11, 23
un trait distinctif distinctive characteristic 9, 17, 21
la vitesse speed 23
le vocabulaire vocabulary 3, 24
un zèbre zebra 14, 23